손으로 듣는 바다의 기척

손으로 듣는 바다의 기척

김정애

현대시학 시인선

시인의 말

끝내
풀지 못한 생각을
열반처럼 품고
캄캄한 내부로 들어가

어쩌자고

여수, 라는 거기
닮은 사람들이 출렁이는
여기, 우주라는

바다의 기척과 입 맞춘 다음에야
끈덕진 태말 하나 낳을 수 있을까

차례

: 시인의 말

1부 발신의 무늬

발신의 무늬	12
계절의 소리	13
봄의 경전	14
거짓말처럼	15
능소화	16
그냥愛 1	18
그냥愛 2	19
어찌하지 못하겠네	20
함께 흔들렸을 뿐	22
열리는 문 닫히는 문	24
달빛 아래	26
바닥 꽃	28
꽃양귀비	30
숙제	31
바람의 갈피	32
선소다리	34

2부 장도, 하프나무

진섬을 펼치다　　　　　　　　　　36

우물과 팽나무　　　　　　　　　　38

소호 요트장　　　　　　　　　　　39

낭도 웃음소리　　　　　　　　　　40

낭도, 나무섬　　　　　　　　　　　41

낭도, 큰 바위 얼굴　　　　　　　　42

개도蓋島, 시절 바위　　　　　　　　43

월항리 사랑　　　　　　　　　　　44

미평 수원지　　　　　　　　　　　45

파도를 위한 변명　　　　　　　　　46

장도, 하프 나무　　　　　　　　　　48

고락산　　　　　　　　　　　　　50

등대　　　　　　　　　　　　　　51

죽림 부근　　　　　　　　　　　　52

응시　　　　　　　　　　　　　　54

선풍기 고개 넘어　　　　　　　　　56

3부 오늘, 특별한

손으로 발로 듣는	58
오늘, 특별한	60
건어	61
호 로 롱 호 로 롱	62
3.61%를 펼치다	64
돌아온 금메달	65
이색적인 면	66
허공 한 채	67
속도를 내려놓고 달려오는	68
소원나무	70
놔둬라 놔둬라	72
도깨비 장터	74
그네 타기	76
빨간 대문 집	77
소설小雪 즈음	78

4부 단밥 한 그릇

왜 몰랐을까	80
다문화 새댁	82
사과	83
태초의 그것처럼	84
다음에, 다음 기회에	86
증명하다	88
템플스테이	90
암매장 달구지	92
물속의 하얀 집, 애기섬	94
탈춤의 젖	96
만성리 굴	98
동박새 넋이 되어	100
단밥 한 그릇	102

* **해설**
환유적 상상력과 기척의 시학 | 조명제(시인·문학평론가)

1부

발신의 무늬

발신의 무늬

시공을 넘어오는 청구서

무늬가 새겨져 있다

전월前月보다 진한 이천 원의 웃음

눈이 내린다고 꽃이 피었다고

만 리萬里까지 마음 열어놓았던 것일까

몇 해 전

영정 속으로 전송된 당신

울컥, 재발신 버튼을 눌러버렸다

뚜 뚜 뚜

뚜벅뚜벅

시공이 열리는 폴더 사이로

낯익은 무늬가 번져온다

계절의 소리

운동장 계단에 신학기 책가방이 재잘거린다

땅을 치고 올라오는 농구공 다시 떨어져
땅을 들어 올리는 사이

연못에 번져오는 눈
일렁이는 물그림자 맞잡고
골대와 공을 올려다보는 어깨의 시간

미미한 파스 냄새 사이로
잇몸 닮은 새살이 꽃눈처럼 번질 때

책가방이 땀을 흘리며 어깨를 툭툭 넘기는 소리

운동장에서 살아나는 꽃바람
계절을 감아올리는 소리

봄의 경전

길게 누워있는 망마산 자락

오밀조밀 피어나는 콩깍지

까치발로 기지개 켜는 춘란

바다 내음 쪼고 있는 갯가의 굽은 허리

예울마루 계단에서 훌쩍이는 어깨

섶을 열어놓은 채 움찔움찔 벌어지는 틈새의 시간

햇빛 내려오면 빛이 되어 어른거리다가

그늘 깊어지면 깊어지면서 나분거리다가

꽃비 쏟아지면 숨죽인 채 몸 열고

세기의 내면에서

퐁실퐁실 살아나는 틈새에서

오종종 펼쳐지는

경전을 듣는다

거짓말처럼

옛집이 봄을 불러 세운다

흙담에 걸터앉은 햇볕
마당을 들어 올리는 냉이꽃

바쁜 것이 무엇이냐고
슬픈 것이 어디 있냐고
귀 떨어진 대문이 나를 불러 앉힌다

거짓말처럼
거짓말처럼

환해지는 하늘

능소화

중환자실에서
째깍째깍 분초를 다투는 동안
분주해지는 관을 보고 있어요
입안을 들락거리면서 쌕쌕거리는 관
소변 통로에 걸터앉아 떨고 있는 관
혈관을 주무르면서 울컥대는 관

그녀를 붙들고 있는 관
빨라졌다 느려져요
시간을 단단히 닫아걸고
어느 기억 언저리를 헤매고 있는지
쉰 살이 되었다가
열 살을 데려오기도 해요
지나온 삶을 끌어당기면서
남아있는 시간을 밀어내면서
그래프로 전해지는 언어

새로운 관을 만들어요

젊은 날
머리에 쓰고 싶었던 관
훈장처럼 달고 싶었던 관

최후를 끌어안고
피어나는 꽃송이를 받들고 있어요

그냥愛 1

기차 타러 가자 해 놓고
사상 거처 없이 덜컹거리자 해 놓고
섬진강으로 몸을 돌렸잖아
글쎄
구월이었을 거야
시월이었던가 몰라, 몰라
변명도 할 줄 모르면서
그냥 뛰어들었잖아
물결 위에 펼쳐지는 억새 손도 아니면서
쏘가리와 노는 것도 아니면서
그냥 실실 웃었잖아
그냥,

그냥

그냥愛 2

걷고 싶다고
오동도까지 당겼잖아
동백꽃은 향기로 벙글고
나뭇가지에 걸터앉은 파도
주말이었던가
몰라
붉은 볼에 미소를 피워놓고
동박새 부리처럼
그냥 달려들었잖아
눈물 날 것 같다고
발꿈치를 들어 올리면서
그냥 그냥

어찌하지 못하겠네

매화 동산으로 달려갈까
썼다 지우고
산수유 만나러 갈까
생각하다 눈 감고
진달래 품으로 갈까
얼굴 먼저 붉어지고

마스크보다 짙은 오염수가 몰려온다는데

바람꽃은 코 평수 넓혀가며 진동하네

꽃송이를 베고 누운 아지랑이 꾸벅꾸벅 폴더를 들어 올리네

빗장을 꼭꼭 걸어 잠가도
가슴에서 울려대는
꽃구름 같은

봄을 어찌하지 못하겠네

팡팡팡
터지는 신호음 어찌하지 못하겠네

함께 흔들렸을 뿐

매화가 놀러 오겠다고
며칠 쉬었다 가도 되겠느냐고
시린 발목을 내밀고 나를 흔들었어요
함께 흔들려도 되겠느냐고
열린 틈으로 입김 한 줌 불어넣었어요
나비처럼 불어넣었어요

매화가 누웠던 자리에 민들레가 찾아왔어요
마른 낙엽 헤치고 애벌레가
와글와글 찾아왔어요
품을 수도 안을 수도 없었어요
파고드는 것을 그대로 두었어요
인생의 어깃장 꺼내지 못했어요
시린 발목에 헐렁한 눈길 올려놓고 하늘의 이야기를 쏟아냈어요
침 튀기며 쏟아냈어요

내가 흔들리고 세상이 흔들렸어요

둥지째 흔들렸어요

열리는 문 닫히는 문

아이쿠 아이쿠

내 강아지 우리 강아지

까꿍 까꿍

고사리 손을 잡고 재롱을 먹어야 할 할머니

강아지 꼬리를 잡고 아양을 먹이고 있네

앞집에서 멍멍

옆집에서 야옹야옹

긴 끈을 늘려 잡은 산책길

유모차에 미스 도그, 미스터 캣츠 이름표를 달고

헬로 헬로

문 닫는 산부인과

증축하는 반려 호텔

사회면 기사를 깔고 앉아

볼록한 배를 두드리고 있는 말티즈 치와와

내 강아지 우리 강아지는 어디 가고
이異 강아지만 넘쳐나는가

달빛 아래

외발로 서 있는 왜가리 달빛을 펴고 있네
목발 사내는 만져지지 않는 다리를 긁고 있네

나란하다는 건
반쪽이 된다는 것
뒤따르는 기울기까지 품어야 한다는 것

파도가 계절을 삼키던 날
바쁠 것 없는 봄을 거느리며
뒤따르는 기척을 놓쳤던 것
외마디 말보다 반쪽을 앞질렀던 것

달빛이 목발의 세월을 데려와
흔들림 없는 기척을 두고 가네
그녀를 데려간 봄을 놓고 가네

기울기 없이 살아가는 섬에서
나란함으로 다시 태어났다고 느껴질 때
기울기는 기울기로 채워야 한다고
외발로 서 있는 왜가리 반쪽이 되어주기로 하네

바닥 꽃

바닥이 살아나네
차도 위에 꽃잎, 꽃잎을 물고 들썩이네
시멘트 위에 흙 위에 꽃이 살아나네
꽃집이라도 차리려는 것일까
바닥 꽃이라고 입안 가득 궁굴리면
발밑에 뒹굴던 시간이 꽃으로 피어나네
바닥을 향하여
다시 살기 위하여
바람에 몸을 맡기는 생生
꽃 같은 청춘을 보냈던 나무
꽃비처럼 떠나와 새로운 개화를 꿈꾸는 그대여
가지도 뿌리도 없이 흔들리는 그대여
아니,
온몸이 뿌리인 바닥이여
모든 것을 내려놓고 바닥처럼 헤맬 때
꿈틀대는 버팀목이여

떨어지고 뒹굴면서 깊어지네

꽃을 보듯 나무를 올려보듯

바닥 꽃을 보네

은하 가득 펼쳐지는 야생을 보네

꽃양귀비

세 포기 이상은 큰일 난다는데

열무 싹을 호미로 캐고 있는 오후
여섯 포기는 있어야 한다고 손사래를 친다
세상의 시선 따위는 당신의 등으로 막을 수 있다고
기억자 등을 더 낮게 구부린다
넓은 세상으로 날아간 막내도
길거리에서 입양한 냥이도
먼저 시든 꽃도 자식인데
아픈 것은 구부러진 꽃 속에 있다는데
어찌 세 포기를 포기한단 말이냐
바람에 실려 왔으니 바람 탓이라고
바람의 멱살 잡고 흔든다

찐 사랑을 꽃피운다

숙제

열여섯 살 유리는 여명학교 수업이 끝나면 병원 복도 귀퉁이에 자리를 잡습니다

유치원용 네모 공책에 침을 꾹꾹 눌러가며 숙제를 합니다

볕이 없는 날에도 쨍쨍한 웃음을 챙겨옵니다

깔깔대는 웃음을 뽀송뽀송 펼쳐놓습니다

세상에 펼쳐진 네모 칸을 웃음으로 채워야 하루 숙제가 끝이 나려는 듯 여섯 살 숙제는 깔깔깔 채워집니다

바람의 갈피

땡땡이도 치고 볼 일이다
문학 창작반 연달아 결석하던 날

"애인 생겼느냐
바람났느냐"

옆구리 치고 들어오는
바람 속에 나를 밀어 넣고
흠뻑흠뻑 젖고 싶었다
부정하고 싶지 않았다

세월의 갈피에서
선을 넘는다는 것
설명할 수 없는 사소한 금기를
무수한 떨림으로 바꾸고 싶었다
형체도 없는 것이

세상을 잡고 흔들 듯
흔들고 싶었다 흔들리고 싶었다

헛것을 향한 충동이라고
반칙스러운 세상이라고 눈총이 쏟아져도
청춘이 가기 전에
수업종이 울리기 전에
제대로 땡땡이치고 싶었다

선소다리

팔랑팔랑 팔을 흔들면서 다리 끌면서
다리를 건너가네
한 다리가 앞서가면 한 다리가 뒤따르고
앞선 다리는 뒤따르는 다리가 온전히 건너올 때까지
시간을 늘리고 있네
한 발자국 건너가다 흘러가는 물결 위에 세상을 옮기네

다리는 바다를 거느리고
물결이 온전하게 건널 때까지
궁금해진 길을 데리고 시간을 견디네

다리는 다리에게 건너는 법을 말하지 않네
다리는 다리에게 쉬는 법을 묻지 않네
가만히 선 채로 저를 넘어가는 다리를 보네
남겨진 다리가 온전히 건널 때까지

2부

장도, 하프나무

진섬을 펼치다

잠수교를 타고 건너오는 것을 보면
사람들 살아가는 이야기가 궁금했던 게지
예울마루 계단에 걸터앉아
선소대교 건너오는 소문에 귀 열어놓고
길을 놓치기도 했다지
망마산 올라가다 말고
성질 급한 것은 여전해
오월 푸른 날
재즈페스티벌 무대에서 한 곡조 뽑겠다고
놀이판을 벌렸다지
어깨 들썩이는 후렴을 맡았다지
나무와 꽃에게 주파를 던지고
그런들 어쩌랴
아름다운 것이 나무와 꽃만이 아니라는데
악다구니로 치고받던 핏대 선 목청
땀 냄새 흥건한 소문

빈 가슴을 채우기도 한다는데

바다보다 넓은 품을 펼치기도 한다는데

우물과 팽나무

팽나무는 우물을 품고 있어요
우물은 섬을 품고 있어요

기타를 입에 물던 까치
이런저런 궁리하는 동안

슬그머니 몸을 여는 바람
기울기를 맞춰요

팽 토라졌던 시간이 열리고
고목 관절에 물길이 열려요

물장구치는 진섬 다리
꼬리 흔들며 달려와요

소호 요트장

새들 좀 보게

군무를 추고 있는 발레리나 발레리노 좀 보게

넘어질 듯 넘어질 듯 일어서는 아찔함을 보게

날개 없이 날고 있는 허공을 보게

물오리도 갈매기도 아닌 것이

물 위를 날고 있는 자태를 보게

바람을 만들어 풀고 당기는 날갯짓을 보게

한 번의 가뿐한 날갯짓을 위해

구석구석 누비는 꿈의 산책을 보게

부끄러울 것도 숨길 것도 없이

밀고 당기는 부르튼 발등 좀 보게

날다 넘어지고 꺾이고 다시 날아오르는

위풍당당함을 보게

이윽고

자신을 펼쳐 자신을 넘어서는 날갯짓 좀 보게

낮달을 태우고 날아오르는 활공을 보게

낭도 웃음소리

시도 때도 없이 건너오는 눈빛이 좋았어
빗물에 젖어서
꿈길에 안겨서
와자지껄 벌어지는 잇몸이 좋았어

악다구니 같던 물살도
아랫목을 차지했던 무심한 갯벌도
여우처럼 꼬리를 흔들었어
낭랑한 막걸리 한 사발로
말 걸어오는 그대
웃음처럼
푸념처럼 피어나
수평선으로 피어나

섬 하나 들이는 소리
낭도 웃음소리

낭도, 나무섬

섬이 섬을 키우고 있네

둘레둘레 손을 잡고
파도가 누워 있는 모래 위
달맞이꽃 향기가 몰려와서 출렁이네
수평선을 열어놓고
굽은 허리를 널어 말렸다는 나무섬
너럭바위에 태평양이 올라앉아
꼬들꼬들 말라갈 때
나무는 속으로 깊어지면서 바다를 감싸네
한소끔 간기를 축여가며
나뭇가지에 피어나는 바다 한 폭

섬이 바다를 키우고 있네

낭도, 큰 바위 얼굴

큰 바위라는 별칭으로 살아온 지난날

대열에서 밀려나 낚싯대로, 주말 텐트로 떠돌았지

한쪽 눈을 감기 시작했어

시들어가는 맥박을 끌어안고 길을 잃고 싶었지

큰 것 작은 것 가리지 않고

팔딱팔딱 살아나는 바다

대열에서 당당한 갯메꽃을 향하여

서두를 것도 바쁠 것도 없는 얼굴 향하여

집채만 한 파도를 만드네

며칠째

헛손질하는 젊은 낚싯대여

주말 텐트에서 밀린 잠을 자는 가장이여

길 아닌 곳에서 길을 잃고 있는 얼굴이여

대열에서 밀려난 뜻을 모른들 무슨 상관이랴

우리의 수호신이 큰 얼굴로 웃고 있는데

개도蓋島, 시절 바위

폐교 위기를 가까스로 넘긴 분교 구령대처럼

아담한 바위가 시절을 점쳤다네

어촌계장의 귀띔이 아니었다면

유행가 한 소절 부르면서 스쳤을 정겨운 얼굴

파도는 쉴 새 없이 하얀 사연을 싣고 와

청석포 귀퉁이에 펼쳐놓는데

한숨 섞인 넋두리 없이

태평양처럼 뻥 뚫린 날에

풍년 대라 점쳤다는데

시절 바위에 걸터앉은

심드렁한 연애사를 점치고 싶네

밍밍하고 변덕스러움 확 뒤집어

시절을 풍미하는 로맨스를 점치고 싶네

월항리 사랑
— 개도에서

달 같은 첫사랑을 만나고 싶네

첫사랑 같은 달을 품고 싶네

방파제를 베개 삼아

항아리 같은 꿈을 꾸며

원앙 원앙 살고 싶네

섶섶을 열어젖힌 채

불그레한 저녁놀이 비켜 들면

털털한 막걸리 향기라도

바삭 삼키고 싶은 굴풋한 시장기

날개를 펼치며 달려오는 달빛

나 먼저 껴안고 싶네

멀건 신파처럼 헤매다

달빛으로 밥을 짓고

파도 소리 떠 마시며

겨드랑이에 숨겨 둔 날개 펼친 듯

태평양 안부를 넘고 싶네

미평 수원지

물에 안긴 하늘이 웃고 있네

출렁출렁 웃고 있네

연두에 메아리를 껴입고

원추리와 맥문동 안부를 묻네

하늘에 뿌리내린 수양버들

나뭇가지에 물방울이 열리네

물방울 가지가 뻐끔뻐끔 말 걸어오면

나는 출렁출렁 춤을 추리

물에 안긴 하늘처럼

하늘에 안긴 물처럼

바닥을 딛고 살아나는 춤사위

하늘에 안긴 하루가 둥글둥글 피어나네

둥글둥글 살아나네

파도를 위한 변명

파도는 무엇이든 뒤집는 성질이 있네
뒤집힌 세상을 반듯하게 펴는 고집이 있네
어제를 뒤집어 내일을 만들고
내일을 펴서 무엇을 만드네

12월 3일
나라를 뒤집겠다는
비상 같은 한밤의 성질을 보네
세상의 눈앞에서
스스로 뒤집히는 어처구니를 보네

모전 몽돌밭에 앉아서
모난 성질을 펴는 파도를 보네
둥글둥글
삶의 옆구리를 펴는 세상을 보네
해안선이 함께 따라가는 것을 보네

파도는 무엇이든 감싸는 소리가 있네

뒤집힌 소리를 따뜻하게 끌어안은 고집이 있네

장도, 하프 나무

현을 튕기던 물결은 어디 갔나

물빛 허리에 무대 펼쳐놓고
허공 휘감는 손가락
대숲에 가려진 음표를 몰고 와
단조 같은 하루에 장조를 입히네

저음에서 고음으로 점점 여리게 점점 여리게
어둠이 몰려오면 어둠이 되고
비 내리면 빗방울에 젖어서
눈 감은 채
그대를 그려내는 멜로디

어느새
손가락에 올라앉은 섬
옆구리 튕겨내면서

물길 열어젖히며 울타리를 허무네

연주에 흠뻑 젖은 장도
별자리까지 흔들면서 목청을 가다듬네

고락산

청솔모 두어 마리 앞장세우고
편백 숲에서 어제 만났던 발자국을 만났다
거친 손이 머물다 간 자리
그제 만났던 엉겅퀴를 만났다

앞뒤로 팔을 흔들면서
생각의 언저리를 걷고 있는 것일까
밀린 월세는 어디에서 땜질해야 하나
요양원에 누워있는 노모는 내 목소리를 알아볼까

아르바이트 시작한 아들은 두 탕을 뛰겠다고 나갔는데
장그래 당그래
편백나무는 허공을 향해
어제보다 깊게 흔들어댄다
햇빛이 내려와 함께 흔들린다
맑아진 눈물 한 방울 귀 위에 눕는다

등대

오동도 등대 앞 공연장에 햇살이 깔리네

시누대 잎들이 목청을 돋우고

비보이, 트럼펫, 낭송의 목소리가 판을 벌릴 때

하루가 어두웠던 사람들

등 대고 누워도 어둠뿐인 동백

신명으로 어우러져 빛을 내고 있네

죽림 부근

빨갛게 달아오른 날에는 아토피가 눈을 떠요
핏대 선 얼굴을 만들었다가
풀 죽은 목청이 되기도 해요
"알로에를 먹고 깨끗이 나았어요."
옆집 여자는 투명한 살결을 열어 보이며
웃음 바닥을 펼쳐요

모퉁이를 키우고 있는 비닐하우스
어린싹 품고 있는 이랑에도
더운 나라에서 건너온 청년 밥상에도
가시 찔린 길냥이 발등에도
알로에 조각들이 오송송 탑을 쌓고 있어요
삼층탑 오층탑 앞에서
뾰족해진 가려움을 열어 보이며
가시 돋친 어제를 끼니처럼 먹었어요

억척스럽게 달라붙는 찰진 점성

맘 가는 대로 몸 가는 대로 한바탕 뒹굴 때

소문에 업힌 약발이 멀리 간다는 기척을 먹었어요

응시

이른 새벽

바래봉 오르다

토끼 눈이 되었지

바람은 잠들었고

눈만

두 눈동자만

팽팽해지는 활시위

정지된 고요

살아나는 침묵

생각을 *끄고*

눈을 *끄고*

주파수를 조절하는데

여명이

여명이

선풍기 고개 넘어

텔레비전 앞에서 꾸벅꾸벅 절을 하시네
고개를 돌릴 때마다 삐걱삐걱 우는 관절
드라마 주인공을 향해
죽일 놈 살릴 놈 강풍을 날리다가
가야 할 먼 길 미풍으로 밀어보다가
뒤뚱거리는 약풍을 만지작거리다가
끄덕끄덕 눈물 훔치시네
목덜미에 파스를 이고 지고
라면 국물은 파리 떼를 붙들고
덕지덕지 키우시네
바닥까지 내려갔다 다시 목을 세우는 노모
녹슨 입가에 하루가 삐걱이시네

3부

오늘, 특별한

손으로 발로 듣는

슬슬

판을 키워야겠다

손으로 듣는 연습을 해야겠다

매화가 들려주는 향기 만나러 가는 오후

산수유가 질러대는 아우성 달래줘야겠네

한나절 귀퉁이를 내줘야겠네

어쩌끄나

슬슬 판이 커지겠는데

저기 저 몰려오는 새의 귀청

바다의 울렁임

두 귀에 넘쳐나는 사태를

온몸으로 터져 나오는 환희를

손으로 발로 듣는 연습을 해야겠네

몸으로 듣고 보는 시늉을 해야겠네

아니

누가 나에게 귀를 좀 빌려다오

아니 아니

손으로 발로 보고 들을 수 있는 천수관음을 알려다오

장구벌레 장구 치는 소리는 어느 짬에 즐겨보나

강물이 슬슬 몸을 여는 봄인데

오늘, 특별한

날아가는 새 떼와 부딪히지 않는다

어제와 다투지 않는다

하늘은 두어 번 더 올려다볼 것이다

마음 따라 산책하고 웃음 따라 발길 옮긴다

차茶가 우려지는 시간을 껴안는다

넘어져 시든 꽃대 고쳐주고

엎어진 길냥이 밥그릇 바로 놓는다

무사히 도착했다는 안심 문자가 입을 벌릴 때까지

이마가 펄럭이는 순간

지붕을 덮고 있는 머리숱 빼곡히 숲을 이룬다

전화기에 저장된 번호 몇 개 늘어난다

7층 아파트 계단을 오른다

눈 열어 마주 잡는 순간

어제처럼, 오늘

특별한

건어

바짝 마른 지느러미가 바닥을 치네
내장과 아가미 바다에 맡기고
가벼워진 몸으로 날고 있네
짜디짠 바다 날개로 두르고

생각의 끈을 풀고 있는 노모처럼
숭숭한 뼈 사이로 바람을 키우네
그렁그렁 그늘의 평수 넓히네

향일암 처마 밑
바람을 치며 살아가는 목어
하늘 바다에 은빛 치어 산란하네

호로 롱 호로 롱

아직 열리지 않는 야생의 춤사위는 어떤가요

아니 아니 그리움이 쏟아내는 허공 한 촉이라 해두죠

콘크리트 숲속에 씨감자 열어두고

입 맞추고 볼 비비고

두들겨보고 튕겨보기로 합니다

자정 무렵 다시 끌어당깁니다

호로 롱 호로 롱 새벽 노래 들려줍니다

씨감자를 주머니에 넣고

상추밭으로 고추 뜰로 뛰어다닙니다

뛰어다니다가

햇빛과 바람 찾아 헤맬 때 비를 만났습니다

눈빛이 젖고 목덜미가 젖고 오랜 떨림과 기다림에 젖었습니다

이랑은 뜬 눈으로 호로 롱 호로 롱 장단을 맞춥니다

비를 맞으면서 흙을 껴안으면서 내지르는 의식이라고나 할까요

씨감자는 몸을 비틀면서 퍼덕거리면서 맥박 같은 옹알이 같은

언어 이전의 말들을 토해냅니다

운명을 두드리는 초신성이라고나 할까요

호로 롱 호로 롱

세상이 눈뜨는

기적이라고 할 밖에요

3.61%를 펼치다

어떤 이는

강원도 강냉이 한 봉지 받아 들고

왜 96.39%냐고 딴지를 걸었지만

나는 채워지지 않는 마음에 공간을 실었다

너와집 처마에 걸려있는 하모니카

강냉이 잎에 노니는 풀벌레 소리

그 소리에 엎드린 개개비의 날갯짓

땀방울에 젖어있는 수염 긴 발자국에 눈이 갔다

강냉이 한 움큼 우물거리는 동안

바람이 바람을 업어 키우는 달관의 경지

해와 달을 품어 낸 하늘의 경전을 읽는다

돌아온 금메달

 환갑쟁이 수다들이 한껏 차려입은 점심을 끼고 앉아 메달 타령이다 딸과 유럽을 찍었다는 따끈따끈한 여행기를 시작으로 둘째 사위가 풀 펜션을 신축해서 오늘 떠날 예정이라고 금메달에 금박을 입힌다 큰딸 막내딸 대기업에 출근한다고 금메달에 뿔을 세우던 그녀는 딸이 낳은 쌍둥이를 앞뒤로 안고 업고 기저귀 가방 앞에서 헐떡인다

 노랗게 물든 석양은 고개를 주욱 늘리면서 뒤뚱거리는데

 아들 둘 기르면서 딸 키우는 맛이 부러웠다 친구 같은 딸이 최고라는 소리에 목메달이라고 목덜미 잡고 지냈다 신세대 육아는 친정엄마에게 맡긴 것이 대세라는 말에 기저귀 가방 멜 일은 없겠다 싶어 돌아온 금메달이 웬 떡이냐고 뿔을 세울 뻔했다

이색적인 면

냄비는 스스로 입을 열지 못한다
대양을 건너온 꽃잎

비 오는 날

바다를 끌어와 자작자작 끓이다가
낯섦을 넣고 한 몸이 될 때까지
걸쭉한 입담으로 치대었던 면발

가족이 된다는 건 자신을 우려내는 일
온전히 섞여서 한 그릇에 담아내는 일

비 그치고
둘러앉아 한 그릇씩 비워내는 일가―家를 본다
필리핀 조개도 한껏 벌린 입속으로
고향을 밀어 넣는다

허공 한 채

산책길을 밝혀주던 길동무

어깨에 톱날을 받고 고개 숙인다

오십견을 앓던 어깨에 손이 간다

햇무덤이 생긴다

"1-23996 소나무 재선충병 방제"

매직으로 얼굴을 그리는데 목덜미가 덜컹거린다

얼굴을 드러내지 않는 병들의 표정을 읽는다

누렇게 말라가는 불면의 날

머릿속 가뭄 꽃이 단풍 비 뿌린다

시도 때도 없이 튀어나오는 종아리 쥐와

까막 고기로 배가 부르기도 하다

의자를 이고 지고 지낼 때

석양의 낯선 풍경이 표정을 바꾼다

허공 한 채 끌어안고

햇무덤으로 살아가는 나무 곁에 앉는다

속도를 내려놓고 달려오는

아침은 서울에서
점심은 여수에서
전국이 반나절 꽃길이라고 출렁이는
광속光速의 바다

일 년 후에 도착한다는 우체통 앞에서
반나절 뒹굴다 보면
열리지 않는 한때가 궁금해지네

희고 둥근 빗줄기를 궁굴리듯
늘어지는 섬을 툭툭 건드리면
갸웃 없이 살아가는 갯가에서
한 송이 바람으로 기웃대네

광속의 바다에서
층층이 써 내려간 뒷걸음 장단

속도를 내려놓은 동백을 보네
올려보고 품어보고 맛보고 궁굴리는
광속에서 맛보지 못한 개미진 장단들

일 년 후에 도착한다는 우체통 앞에서
숭늉을 마시던 바다가 일렁이네

소원나무

잎을 버린 벚나무가 바위를 붙들었네
오백 원, 백 원
소원을 올려놓고 통사정 하네

오르막 견더 온 바람
허리를 굽혔다 펴는 사이
주름진 햇빛이 손바닥 스쳐 잡네

자고 나면 가벼워지는 어깨
벚꽃 스친 바람은 노래가 되고

전라도 말씨와 경상도 말투
캄캄한 내부를 열어 보이면서
한 쌍이 되기도 하는데

단단하게 닫혀 있던 하늘

당신의 기억 어디쯤에서
꿈의 기척으로 피어날 때

나무는
기도 속에 뿌리를 두고
간절함으로 마음 열고 있네

놔둬라 놔둬라

매미 울음소리 잡고 걷는 연습을 하네
여러 마리 한꺼번에 우는지 점점 크게 들리네
할아버지 의식 없이 응급실에 실려 갈 때
가족들이 삼켰을 울음도 저랬을까
할아버지 매미소리 쫓고 있네
앞을 향해 걷고 있으면서 뒷걸음치네
팔에 꽂힌 링거에서 뚝뚝 떨어지는 이슬
저것이 우리를 살렸구나 생각하네
할아버지 더 이상 움직이지 못할 때
쩍쩍 갈라지는 매미소리보다 가늘게
실컷 울게 놔둬라
저것들은 알고 있는 게지
울 날이 많지 않다는 것을
세상에 왔다 간 흔적을 남기려는 게지
울 일이 생기거든 부둥켜안고 울어라
뒷걸음쳐도 돌아가는 것은 마찬가지 아니겠냐

할아버지 쥐고 있던 울음을 놓아주네

닫혀 있던 방문이 열리고

문지방 매미들 고개를 떨구네

도깨비 장터

등 굽은 유모차에 눈망울이 열린다
뒤뚱거리는 걸음보다 적막을 앞세우고
산채山茶에서 끙끙 앓던 노인
장터에서 파릇파릇 살아난다

좌판 벌여놓고
사람을 마시기 시작한다
고독사가 판을 치는 세상에
입씨름 장단은 산채들의 또 다른 호흡법

몇 번의 계절이 머물다 간 사이
꼬들꼬들 말라가는 것이 산채山茶뿐이었을까
쌍 굽으로 달려가는 세월뿐이었을까

흥정한다는 것은 호흡한다는 것
부동의 자세를 비집고 고독이 반짝일 때

깡그리 묵살하고 싶은 것

적막이 스쳐 간 자리마다 초록물 흥건하다
텃밭 지나 너덜 지나 귀뚜라미도 떠난 저녁
퍼내도 퍼내도 줄어들지 않는 적막이 굽은 하루를 편다

그네 타기

허공에 뿌리내린 마음을 보네

동동거리는 너의 하루

하늘 높이 차올라

그리움이 질러대는 소리

저기 빗소리

삶에서 밀리고 바닥에 지치고

멀리멀리 꿈을 밀어주는 사람이 있네

허공이 된 사람

허공은 새로운 둥지

비울 게 있고 채울 게 있는

새로운 고향

그대를 품어주는 뿌리

빨간 대문 집

말라비틀어진 감나무 가지 위

붉고 무른 점 하나

마당 쪽으로 기울면서

몸에 남은 생기를 말리고 있다

영역 끝에서 머문

마지막 기억을 온전히 비우면서

또 다른 이름으로 재생되길 바라는 것일까

긴 그림자를 동행한 오후

기척도 없이 밀려오는 울증을 조율하지 못한다

다시는 만나지지 않을 생生을 위해

붉은 눈시울의 시선을 남겨두는데

 창을 가린 커튼 자락은 한쪽으로 불어가는 바람결을 그대로 둔다

 검게 익었던 그녀가

 투욱, 깨진다

소설小雪 즈음

배추 뽑아낸 밭 가운데 가마솥 걸리네
선거 이야기 몇 건의 아르바이트 사연까지
한 솥에 버무려지다
고양이 유모차 불 앞에 쪼그려 앉네
희끄무레 잇몸이 풀어지고 젓가락이 부딪히네
뒷짐 지고 있는 초승달 자세를 바꿔 앉으면
설경설경 썰린 입김 담을 넘어가네
11월에 내린 눈이 폭설인지 첫눈인지
명분 찾겠다고 불꽃 튕기네
밭에 남겨진 몇 포기 배추
어깨 쫑긋되며 불멍 즐기네
솥뚜껑 위에 고양이 발자국
호호 불며 저녁을 붙들고 있네
뒤늦게 합석한 고구마 잉걸불 뒤집어 덮네

4부

단밥 한 그릇

왜 몰랐을까

그루터기에 쪼그리고 앉아 비를 맞아요

허리와 갈비뼈를 들쑤시며

가슴 안쪽으로 꾸덕꾸덕 퍼붓는 눈물비

우산으론 가릴 수 없는 폭우예요

계절 없이 이른 꽃이 핀다는 일기예보 앞에서

잇몸이 덜컹거려요

관절이 휜 상수리나무

굽은 등으로 단풍 들면서

한 주먹 알약을 주무르면서

뒤뚱뒤뚱 그늘을 넓혀가던 당신

이 빠진 별을 매달고 까치를 부르고

실밥 터진 텃밭처럼 와글와글 웃고 있던 그때

왜 몰랐을까

품이 줄어들고 있다는 것을

우듬지에서 뿌리에서 가지에서 심장에서

시시각각 조여 오는 폭우 밀어내고 있다는 것을

목덜미 세우고 세워도 만질 수 없는 그늘이었다는 것을

아장아장 걷고 있는 옹알이에게

그늘이 될 수 있을까

깊이를 잴 수 없는 품이 될 수 있을까

허허벌판 함께 걸어갈 수 있는 그늘이 될 수 있을까

다문화 새댁

긴 머리 질끈 묶고 야구모자 눌러쓰고
손자를 안고 수산시장에 갔어요
계란 두 판 훌쩍 넘긴 남편은 두어 걸음 앞장 세웠어요
"조기 얼마예요."
"한국말을 잘하네."
손자 옹알이 사이로 모국어를 곧게 세우고
"민어 얼마예요, 갈치는요."
"한국 사람보다 한국말을 더 잘하네."
수런대는 시장 사람들
옹알이로 국적을 허물던 손자가 팔딱팔딱 눈 맞출 때
"아이가 아빠 판박이네."
국적이 묘한 생선은 언어 문턱을 넘어서고
계란 두 판 짊어지고 두어 걸음 앞장선 사람과
한국 토박이인 나는
국적이 묘한 20개월 아들을 둔 신혼이 되었어요

사과

후쿠시마 원전 방류 기사가 나오자
국회의원들이 사과밭으로 달려가요

'바다야 미안해'

현수막을 내걸고
사과를 먹고 있어요

손가락 하트를 만들면서
브이 자 치아를 열어 보이면서
사과가 사과를 먹는
대한민국 과즙이 달콤하다

태초의 그것처럼

산에 들면서 와이파이와 결별한다

초고속으로 쫓아오는 훼방꾼을 따돌리고

불통이란 녀석과 손을 잡는다

내면에서 출렁이는 바람 소리와

심연에서 터져 나오는 무언의 노래

액정화면에 갇힌 신경망을 벗어던지고

거친 노래가 된다

태초의 이끼가 산을 들어 올린 듯

보이는 대로 흔들리는 대로

누구의 것도 아닌

그래서

모든 것이 될 수 있는 무한 해제가 된다

무제한급 휴먼터치가 된다

천왕봉을 등에 업는 만세 따위는 필요치 않아

눈 감았다고 흔들렸다고 부동자세 취할 필요는 없어

나를 열어놓은 채

흔들리는 대로 아득한 한통속이 된다
액정화면에 담을 수 없는 무한해제가 된다
날것처럼 거짓말처럼

태초의 그것처럼

다음에, 다음 기회에

흰 사슴이 살고 있는 호수의 나라

진달래 꽃물이 길을 여는

백록담에 올랐다

변덕을 짊어지고 한 발 한 발 즐길 때

마음 하나 얹을 수 있는 곳

한 무리 군무를 휘날리면서 달려오는 안개

꽃잎의 무게를 견디지 못하고

희희낙락 구름이 뒷걸음치네

다음 기회에,라는 능선이 살아나는 곳

천지도 그랬다

수평선보다 깊은 구름바다

망망대해 안개 파도

1,442계단을 밟고 토해내지 못한 첫음절

백 번 올라서 두 번 만날까 말까 한다는 백두,라는 유래를

다음이라는 농담 섞인 말로 짓이기고 싶었다

다음이 품고 있는

들끓은 세상을 볼 순 없는 걸까

다음이 짓고 있는 빈집을 허물 순 없는 걸까

다음이라는 침묵을 찢어야 한다

다음은 없는 거라고 찢고 또 찢어야 한다

다음에 갇힌 것은 나약한 나였는지도 모른다

천왕봉 일출 앞에선 꾸다 만 그리움 먼저 찢었다

다음이라는 허공을 발밑에 감추고

가쁜 호흡을 구름바다에 밀어 넣었다

구름과 안개가 피워 올린 어둠 한 축

어둡고 막막했던 풍화의 시간이 열렸다

깨지기 쉬운 침묵을 보호하듯 다음을 허문 건 오늘이었다

벌린 눈을 다물지 못한 오늘이었다

촉촉한 오늘이었다

증명하다

"해외 직구로 골프채를 구입했지요
 골프채에서 도파민 성분이 검출되었으니 중앙지검으로 출두 요망"
 등기 우편이 발송되었다는 전화를 받고

 명의도용이라는 말을 만지작거리니
 나를 증명해 보이란다
 주민번호를 불러주고
 눈, 코, 입 생김새를 읊어주고
 우리 동네 모래가 얼마나 투명한지
 갈매기는 어제보다 몇 마리 더 늘었다고 입을 여니
 구속수사로 전환하겠다고 핏대를 세운다

 장도 모래알을 밟으면서 두 눈이 젖어있는 나
 해외로 전송된 나

어느 것이 진정한 나인가

목청과 씨름하다 흥분한 적 있다,라고 운을 떼니
마약 성분 때문이라고 우격다짐이다
진정한 나를 만났을 때 흘리는 눈물은
마약보다 힘이 세다,라고 증명하니 증거불충분이란다

나를 어떻게 전송할 것인가

몇 겹을 벗어야 증명될 수 있는 것인가

템플스테이

귀퉁이 돌아가는 종소리

뒤뚱거리며 무엇을 만났을까

무엇을 버렸을까

무엇을 찾았을까 무엇을… 무엇을…

틈새 비집고 들어오는 어미 새

그릇이 엎어지고 유리창이 덜컹거리고

퉁퉁 불어 터진 악다구니

한 줌의 알약으로 다스리는 질긴 불면들

어제를 두드리면서

빛으로 향하는 손 더듬으면서

어미새 다독이고 감싸주는 북소리

부챗살로 펼쳐진 겨울 산

가지 하나 이파리 하나하나

멀어지는 생명을 보듬듯

견디는 법을 수행하고 있다

묵언으로 말을 거는 산사

찰나가 돌고 있다

둥둥둥

범종의 음폭이 펼쳐지는 적요

천하를 호령하듯 어미새를 깨운다

굽은 어깨 품으면서

맴놀이 쳐대면서

암매장 달구지

살아남으려는 것들은 어딘가 닮은 데가 있소
밟아도 밟아도 다시 살아나는 바랭이풀이 그렇고
비탈밭 갈아엎는 손가락 없는 늙은 소가 그렇고
고향 찾아 날아오는 귀 떨어진 나비 떼
발굴 작업을 비추는 굵은 빗줄기를 닮고 있소

비탈밭 뙈기밭
너나없이 갈아엎던 소牛
흐린 귀퉁이에서 콧구멍을 비비고 있소
앞에서 끌어 보고 뒤에서 밀어 봐도
암매장 같은 흙 뿌리를 꺼내 되새김질하고 있소
호명동* 목구멍을 후벼 파는 주름진 손

논에서 일하다가 끌려가 손발이 묶인 채
암매장되었다는 역사적인 증언 앞에서
삽, 괭이가 버둥거리면서 흙의 살점을 뒤집고 있소

괭이날 사이로 피 묻은 흉터가 손가락 놀이처럼 스쳐 지나가고
 풀 무덤이 열리듯 허벅지가 열리고 있소
 모종삽에 몸이 끊어진 지렁이는 방향 없이 끌려가다
 저들끼리 마구 뒤엉켰소
 살고 싶어서 살기 위해서 울음을 쪼개고
 비명을 삼키며 눈을 감지 못한 채 하늘을 밀어내고 있소

 흰나비가 되어 돌아온 고향
 총탄 흔적을 보듬고 있는 두개골보다
 진실이라는 피역사가 먼저 얼굴을 내밀었소
 깨물었던 어금니가 목구멍에 콱 걸려 핏물을 쏟아내고
 죽기 위해 살았다는 황소 같은 세월을 다독이고 있소

* 호명동 암매장지 : 부역혐의자 중 일부를 암매장한 장소로 1998년 유해 발굴 작업을 실시함.

물속의 하얀 집, 애기섬*

 출렁출렁 눈이 커지는 거야 애기 손이 만져졌어 죽음이 아니고는 닿을 수 없는 곳 죽어서도 살아있는 영혼의 집이라고 했어 끄윽끄윽 노래를 불렀지 애기섬이었지만 엄마 품처럼 따뜻했거든 돌아갈 곳이 생긴 거지

 보도연맹으로 몸이 묶이고 연좌제가 춤을 췄어 출렁출렁 공이 뒹굴 듯 머리통이 굴러다녔지 좌우로 치우치는 뱃머리엔 젊은 꽃잎들이 툭툭 떨어졌어 갈매기는 꾸역꾸역 방향 없이 울다가 목이 꺾이고 뒤집히는 급류 속 나는 어디로 가는 것일까 흑흑흑 목구멍을 쥐어뜯었지 묶인 손에도 검은 눈에도 빨갱이 명패가 선명했어 통통배는 핏물처럼 날개를 달았지 총소리는 살아서 날아다니고 발버둥이라도 쳐야 하는데 씨펄씨펄 개 같은 세상이라고 손가락이라도 찔러야 하는데 목구멍이 덜렁거렸어 목소리가 꺾이는 순간 뜨거움이 넘쳐났지 왼쪽도 오른쪽도 우리 동포인 것을 우리 형제인 것을 나는… 나는 어디로 가는 것일까

生에 묶인 나도 연좌제가 씌워진 너도 바다에 던져진 우리도 그들도 끄윽끄윽 노래를 불렀어 죽음이 갈라놓은 세상이 풀릴 때까지 돌아앉을 때까지 붉은 바닷물이 하얗게 웃을 때까지

• 애기섬 : 경남 남해군에 위치한 섬으로 국민보도연맹 가입자들을 수장시킨 집단 학살지

탈춤의 젖

달빛이 손가락을 자르는 시간

어둠과 함께 살아나는 탈판 세상

오살헐 놈 육살헐 놈 몸풀이가 시작돼요

눈썹과 손가락을 낱낱이 치켜세워요

목구멍에 넘길 거라곤 군홧발에 짓이겨진 욕지거리와

칼바람 숭숭 대는 흰 고무신 겉껍질뿐

담장 너머로 불쑥불쑥 솟아나는 붉은 눈동자

손가락 총이 좌로 우로

심장 구를 찔러 대요

외세 권력 깔고 앉아 참새 떼 입을 막고

노예 사슬보다 두껍다는 빨갱이 딱지

자근자근 밟으면서 쾌자락을 불러요

신명지를 읊어 대요

동난同亂의 무명씨야

전설의 아구살이야

구봉산 까마귀야 날다람쥐야

부역자 꼬리표가 젖무덤 위에서 눈을 떠요

총총히 눈을 떠요

앞서며 뒤서며 손가락 춤을 춰요

눈물 콧물 범벅 치레가 돼요 탈세상이 돼요

쑥국새 울음이 마래산 산채를 둘러매고

맺고 풀리는 첩첩 열두 마당

할미는 까맣게 타버린 심장 모감지를 눈물로 씻고

동백 등짝을 모판 삼아 싹을 틔워요 한 바가지 쾌자락을 쏟아요

앙상한 부챗살 옆에 끼고

형제 무덤 건너 용골 쇄골 건너 건너

갈빗살 열어놓고 젖을 물려요

칠십칠 년 견뎌 온 핏물 같은 젖을 물려요

젖을 물려요

만성리 굴

동백꽃 발걸음에 웃음이 실려요

만성리 굴을 빠져나오며 입이 귀에 걸렸던 적 언제였던가
축축한 냉기가 오소소 눈을 뜨면
검은 손이 암벽에서 툭툭 불거져요
돌무더기 족속이라고
연좌제 덩굴 덩굴이라고
뼈에 사무친 손가락 굴레의 시간

덩굴이라면
목숨 줄을 친친 감고 타오르는 덩굴이라면
억지 죄를 씌우면서 덮으면서 조여 오는 슬픔이라면
뼈와 뼈를 갈라놓는 순간이 와도
한 송이는 또 한 송이를 부르고
눈물꽃은 웃음꽃으로 피어나
붉은 새벽 위에 뭉텅뭉텅 피어나

통 울음 같은 세상을 꽃 문장으로 피우고 있어요

여순사건 특별법이 국회 통과하는 날
살을 헐어 내는 심장 위에 다시 쓰는 새 역사
푸른 산천이 푸 후~
심호흡하는 오늘

만성리 굴을 빠져나오는
동백꽃 발걸음에 웃음이 실려요

동박새 넋이 되어

향일암 종소리가 곡소리로 들렸던 적 있었지

바위로 똘똘 뭉친 일주문도 장대 같은 피바람을 막아서질 못했어

자고 나면 아랫녘 친구 하나 없어지고

뒷날이면 윗녘에 팔 둘이 없어지고

좋은 날 올 거라고 탄탄히 믿고 살아가는 배고픈 창자들

함께 나눠 먹고 뒹굴었던 자리가

식은 밥 한 덩이가, 헌 옷 몇 가닥이

빨갱이를 만들고 파당의 낟가리가 되었어

무쇠 낫이 와서 납작납작 발목을 주무르는 세상

상처가 상처를 쏘아대는 재고 날랜 칼춤 세상

손가락질 발가락질

할퀴고 찢긴 밑자리까지 끌어안은 사람이 있었지

빨갱이 작전, 쥐새끼 작전 탕탕 해탈해 버리고

눈 열고 귀 열고 훨훨 날아다니는

동박새 넋이 된 사람

　세상 속에 암자 몇 채 지어놓고
　사방팔방 울려 퍼지도록 종을 치는 사람, 우리를 닮은 사람들
　만성리 형제묘, 까막섬, 애기섬, 장개골, 빗점골, 아구살이 밭을 지나 골령골에 뒹구는 회색 바람까지 끌어안고 종을 치는 사람이 있소 불살라진 국회, 해방공간의 뒤틀림, 사냥몰이, 사상 몰이는 총구에 밀어 넣고
　탕 탕 탕 세상을 두드리며 앙가슴 치는 사람이 있소

　누더기를 걸친 종소리
　배고픈 창자를 보듬고 있소

단밥* 한 그릇

1

산다는 게 밥 한 그릇인 것이여

뻥뻥 뚫린 핏줄 같은 목구멍으로 삭히고 삭힌

밥술 넘기는 것이여

아랫목에서 곱게 키운 보리 질금

밥알이 동동 뜰 때까지 삭히고 삭히면 죽은 입맛이 살아나

붉은 시월처럼 살아난다니까

찬바람 불면 125인분을 이고 지고

꾸역꾸역 찾는 곳이 있었어

양념 장사해서 단밥 돌릴 때가 제일 따뜻했거든

제일 따뜻했어, 암 그렇지, 그렇고 말고

2

네 손이

내 마음을 맞잡고

내 어깨가
네 울음을 붙들고

반듯하게 눕지 못했소

온전히 피지 못했소

외진 모퉁이
던져진 듯 버려진 듯
함께 묻혀

그날을 지키고 있소

3
삭을 대로 삭은 눈물이 탁탁 걸린다는 동백
밥상에서 고추장을 치운다고 빨갱이가 지워질까

마당가에 동백꽃을 밟아 뭉갠다고 낙인이 뭉개질까

밥풀 하나 남김없이 침몰선이 되어버린 사람

삭힌 밥알이 탱글탱글 살아나면

놋대접 풍으로 홀홀 마셔 봐

세월이 풀리고 한이 풀려, 한이 풀려

지프차로 끌려가면서 마지막으로 넘겼다는 단밥

아버지가 먹었던 밥, 내가 먹어야 할 밥

삶이라는 둥근 밥

* 단밥 : 여수의 지방어로 식혜를 칭한다.

해설

환유적 상상력과 기척의 시학

조명제(시인·문학평론가)

1

 횔더린은 '시작詩作은 인간의 모든 영위營爲 중에서 가장 결백潔白한 것이요 무책임한 것'이라고 했다. 시의 언어는 본질적으로 유희遊戱의 형태로 표현되며, 그 무엇에도 구애됨이 없이 그 자체적 형상을 만들어 내는 상상의 영역에 속한다. 그 같은 유희적 속성과 상상력의 자유를 가지는 시의 세계는 언어의 책임성과 직결되어 있는 현실사회의 규범과는 그 차원이 다르다. 그런 까닭에 시작詩作은 완전히 무책임하고, 그 작용이 결백하다. 인간의 영위 가운데 가장 죄 없고 무책임한 시작은 출세와 치부의 수단이 되던 중세사회와는 달리 근대 이후 가장 자유로운 기억으로 존재한다.

 김정애 시인의 시는 결백한 언어의 시적 성취를 보여준다. 우선 그의 정결한 안목과 상상력이 결백의 자유로움을 실현하고 있다.

옛집이 봄을 불러 세운다

흙담에 걸터앉은 햇볕
마당을 들어 올리는 냉이꽃
―「거짓말처럼」 제1~2연

　김정애 시인의 시는 대체로 간결하고 축약적이며, 이미지 함축의 용량이 크다. 특히 21세기에 들어와서 젊은 세대의 시인들이 펼치고 있는, 장황한 사적私的 넋두리식 산문시에 질리거나 실망한 독자들에게 절제된 정신의 표현미학이 어떤 것인지를 여실히 증시證示해 준다. 그가 시작에 있어서 치열성을 드러내고 있다면 그것은 언어 탐구의 방법적 전진에서이다.
　시인은 「거짓말처럼」의 첫 문장(능동적 주체가 숨겨져 있으므로), 또 제3연의 제3행 '귀 떨어진 대문이 나를 불러 앉힌다'에서 일상적 화법을 거슬러 뒤집어 보인다. 이들은 각각 화자가 봄날의 옛집 풍경을 관찰하고, 낡고 허름한 대문간에 잠시 앉았음을 말한다. 그러니까, 주체 변경의 피동적 표현을 통해 대상을 전경화前景化하여 신선하고 역동적인 효과를 얻어 낸 것이다. 이 경우 '옛집이 봄을 불러 세우다'를 '옛집에도 봄이 왔다'라거나 '옛집에도 봄기운이 감돈다' 같은 식의 능동적 표현으로 환원해 보면 산문적 상식이 돼 버림을 알 수 있다. 시인은 피동적 표현과 동시에 사물의 의인화를 결속하여 한층 생동감 넘치는 미감의 시로 만든다. '흙담에 걸터앉은 햇볕'처럼 근사한 비유는 이 작품 전체에서 번뜩인다.

  제3행의 나를 불러 앉힌, 귀 떨어진 대문, 다시 말해 귀퉁이가 떨어져 나간 낡은 대문짝이 긴긴 세월의 상징처럼 버티고 서서 '바쁜 것이 무엇이냐고/ 슬픈 것이 어디 있냐고' 일러 주기라도 하듯 '나를 불러 앉힌' 것이다. 이 고가古家를 중심으로 한 봄날의 정경은 풍상을 다 겪어낸 옛집에 새겨진 세월의 무늬가 느림의 미학을, 마음의 넉넉한 자유를 자각케 한다. '거짓말처럼/ 거짓말처럼', 그러고 보니 하늘마저 환해지는('환해지는 하늘') 봄날이었던 것이다.

  제2연의 '마당을 들어 올리는 냉이꽃'에 주목해 보면, 봄의 기운이 얼마나 아름답고, 그 내밀함이 또한 얼마나 강렬한 힘으로 작동하고 있는지를 말해 준다. 미약해 보이는 꽃을 품은 냉이풀의 새싹이 돌을 밀어내고 마당을 밀어 올려 돋아난다. 이때 '냉이꽃'은 단독자로서 강렬한 인상을 주면서 동시에 제유적提喩的 기능을 톡톡히 해 낸다. 봄날에는 모든 풀들이 싹을 틔워 돋아나지만, 시인은 '냉이꽃' 하나로 전체의 봄풀을 환기한다. 부분으로 전체를 드러내는 제유의 방법과 같은 부류의 비유에는 물론 환유換喩가 있다. 시 「계절의 소리」에서 '운동장 계단에 신학기 책가방이 재잘거린다'라는 시행의 '책가방'은 경험의 근접성을 비유의 특성으로 하는 환유이다. 이 경우 '책가방을 맨 아이들'을 아이들의 소유물인 '책가방'만으로 나타낸 것이다.

>길게 누워 있는 망마산 자락
>오밀조밀 피어나는 콩깍지
>
>까치발로 기지개 켜는 춘란
>바다 내음 쪼고 있는 갯가의 굽은 허리
>예울마루 계단에서 훌쩍이는 어깨
>섶을 열어놓은 채 움찔움찔 벌어지는 틈새의 시간
>―「봄의 경전」 제1~2연

김정애 시인은 시적 표현의 몇 가지 코드를 가지고 있다. 그 하나는 환유적 인식의 방법적 표현이고, 다른 하나는 중의重意 및 중층적 표현의 방법이다. 여기에 사물의 의인화와 반복이 때로 곁들여진다. 특히 환유적 상상력은 김정애 시의 지배적 경향과 체계적 구조의 근간을 이루고 있어 보인다. 예의 「봄의 경전」에서, '콩깍지'는 눈에 콩깍지 씐 연인들의, '굽은 허리'는 갯바다에서 갯것을 캐는 노인들의, '훌쩍이는 어깨'는 공연을 보고 우는(?) 사람의 환유이다.

실제 작품에서 환유와 제유는 그 구별이 이론처럼 명확하게 식별되지 않는 경우가 많아, 제유와 환유를 합쳐서 '대유代喩'라는 하나의 명칭으로 부르기도 하는데, 궁색한 측면이 없지 않다. 야콥슨처럼 제유를 아예 환유에 포함시키는 이들도 있고, 환유의 한 종류라고 말하는 견해도 있는 만큼 '환유'로 묶어 표현하는 것이 편리할 듯하다. 「봄의 경전」의 경우, '콩깍지' '굽은 허리' '어깨' 등을 환유적 표현이 아닌 실제적 대상으로 그 명칭을 바꾸어 나타내었을 때, 시적 효과는 바닥으로 떨어짐을 보게 될 것이다. 환유적 인식이 폭넓고 고도화될 때, 시는 격조를 더하며 더러 난해해지기도 한다.

2

중환자실에서
째깍째깍 분초를 다투는 동안
분주해지는 관을 보고 있어요
입안을 들락거리면서 쌕쌕거리는 관

소변 통로에 걸터앉아 떨고 있는 관
혈관을 주무르면서 울컥대는 관

그녀를 붙들고 있는 관
빨라졌다 느려져요
시간을 단단히 닮아걸고
어느 기억 언저리를 헤매고 있는지
쉰 살이 되었다가
열 살을 데려오기도 해요
지나온 삶을 끌어당기면서
남아있는 시간을 밀어내면서
그래프로 전해지는 언어
새로운 관을 만들어요

젊은 날
머리에 쓰고 싶었던 관
훈장처럼 달고 싶었던 관

최후를 끌어안고
피어나는 꽃송이를 받들고 있어요
—「능소화」 전문

    시는 본래 소통을 위한 양식이 아니다. 그야 물론 어떤 상황, 어떤 조건에서 소통되기를 바라고, 소통의 양

식으로 전환되기도 한다. 그러나 그것은 일상적 언어나 상식의 교양에 상응하는 소통의 언어체로 존재하기를 거부한다. 시인은 명료한 해설의 세목들을 내어놓는 것이 아니라, 독서 행위, 곧 시 텍스트의 해석을 저지하기 위한 여러 장치를 마련해 놓는다. 대중적 독자나 정서적으로 감상적 허위에 빠져들기 쉬운 나이의 미숙한 독자를 염두에 두고, 그들의 구미口味에 맞는 시를 즐겨 쓰는 시인이 아니라면, 그가 생산하는 시 텍스트는 다소 난해하거나 대단히 난해해질 수도 있다. 쉽게, 호락호락하게 읽히게 하지 않기 위하여 시인이 마련하는 장치는 다양하지만, 은유나 상징, 환유나 비약적 연상, 중의·중층적 표현 같은 수사적 방법들과 변주들, 그리고 문장의 변형과 구조의 생성 등이 그 기본적 자질들이다. 시인 최문자 교수의 말마따나 쉽게 이해되는 시는 쉽게 잊혀진다. 여기에서 '잊혀진다'라는 말은 중첩적이다. '잊혀진다'라는 말의 축자적 의미 외에 정통한 독자는 힐끗 쳐다보고 던져 버린다는 뜻이 함축되어 있는 것이다.

시 텍스트「능소화」는 독자의 해석이나 이해를 지연시키기 위해 환유와 중의적重意的 방법을 그 핵심적 장치로 마련해 둔 것처럼 보인다. 텍스트에 여러 번 반복되어 나타나는 '관'은 우선 그것이 무슨 뜻의 '관'인지 명확하지 않아 골몰하게 만든다. 시인이 '관'의 한자漢字를 병기倂記하지 않고 한글로만 써 놓은 것도 독해를 저지하는 하나의 전략일 터이다. 시를 읽으면서 떠올릴 수 있는 '관'의 한자는 管(대롱, 대통), 棺(널, 관), 官(벼슬), 冠(갓, 관), 觀(보다, 의식), 關(빗장, 관계) 등이다.

 병원의 중환자실, 목숨이 경각에 달려있는 중환자를 중심으로 시적 상황은 전개된다. 관계 깊은 가족들이 환자의 용태를 관찰하며 환자의 죽음을 직감하게 되는 긴박한 상황에서 가족들의 머릿속에는 필연코 棺이 오락가락할 수밖에 없다. 제1연의 거듭된 '관'은 환자의 육신을 지켜 주고, 생명을 붙들고 있는 체내의 육관肉管들과, 운명殞命 직전의 환자를 들여다보며 안타까이 말을 걸어도 보고, 소변 상태는 어떤지 짚어 보고, 팔 다리를 주무르기도 하며 울컥대는 가족들 면면의 환유인 棺의 중의적 표현으로 풀이된다. 육관들과 문병 혹은 임종가족들의 환유인 棺을 이렇듯 교묘히 버무려 놓은 것이라면 명료한 해석은 가능하지 않다. 언어는 그 자체의 모호성과 다의적 해석을 할 여지를 지니고 있기 때문에 문학 언어의 해석은 지극히 제한적이다.

 '남아있는 시간을 밀어내는' 환자의 위독한 상태를 보여주는 제2연의 '그래프로 전해지는 언어/ 새로운 관을 만들어요'의 문장에 쓰인 '관'은 기발하게도 환자의 용태를 알려 주는 영상 그래프의 지표가 오르락내리락하며 그려 주는 모양새가 흡사 '冠(王冠)' 같다는 것이다. 冠을 떠올리게 되자 '젊은 날/ 머리에 쓰고 싶었던 관/ 훈장처럼 달고 싶었던 관'으로 연상 작용을 일으킨다. 그 冠은 동시에 官(벼슬)을 환기하게 되고, 옛날 과거장에서 장원급제한 자의 머리에 씌워 주던 화관과 그 화관에 꽂아 주던 꽃송이로 건너뛴다. 끝 연의 '최후를 끌어안고/ 피어나는 꽃송이를 받들고 있어요'의 꽃송이는 그러니까 어사화御史花로도 불리는 능소화凌霄花일 텐데, 능소화는 애절한 전설과 함께 '명예, 영광, 기다림, 그리움' 등등의 꽃말을 가지고 있다.

  김정애 시인의 시「능소화」는 시인의 기발한 상상력과 중의적 표현, 환유와 다층적 연상으로 완성된 특별한 작품이다. 시인은 환유적 방법이나 중의적 표현, 혹은 연상과 비약 같은 표현적 장치를 통해 시 읽기의 지연과 집중을 유인해 나간다. 독자가 텍스트를 선택하는 것과 마찬가지로 텍스트도 독자를 선택한다. 텍스트로서의 시는 일상적 언어 차원의 소통을 거부하며, 시 텍스트 해석과 끈질기게 씨름하기를 욕망하는 자에게만 그 비밀한 세계의 문을 열어 준다.

이미지나 의미의 중첩적 표현은 「열리는 문 닫히는 문」에서 유니크한 풍자성을 띠고 실현되어 있다.

> 아이쿠 아이쿠
> 내 강아지 우리 강아지
> 까꿍 까꿍
>
> 고사리 손을 잡고 재롱을 먹어야 할 할머니
> 강아지 꼬리를 잡고 아양을 먹이고 있네
> ―「열리는 문 닫히는 문」 제1~2연

제2연까지 읽지 않고 제1연만 읽으면 할머니가 어르고 있는 '강아지'는 진짜 강아지인지 손자인지 알 수 없다. 제2연을 읽고 나면 그제서야 할머니가 도리어 아양을 떨며 어르는 강아지는 진짜 강아지로 드러난다. 일반적으로 어린 자식이나 손자를 '내 강아지'라고 할 때, 그것은 물론 환유적 표현이 된다. 위의 시에서 강아지가 실제 강아지로 드러났더라도 '고사리 손을 잡고 재롱을 먹어야 하는 할머니'나 '내 강아지 우리 강아지는 어디 가고' 같은 시행을 따라 환유의 효과와 잔상은 텍스트 전체에 연동聯動되어 작용한다.

언제부터인가 우리는 반려동물의 천국을 눈앞에 보

며 산다. 강아지, 고양이, 고슴도치, 이구아나 등등 반려동물이 앞집 옆집 가릴 것 없이 주인의 사랑을 받고 있다. 산책 나선 유모차는 밀티즈나 치와와 같은 소형견들이 아기들 대신 자리 잡고 있고, 반려동물 호텔은 증축의 호황을 누리고 있다. 애완동물 산업이 번창하는 이면에는 '문 닫는 산부인과'가 속출하고 있다는 뉴스를 들은 것이 어제오늘의 일이 아니다. 인구절벽의 상황적 시대를 풍자적 환유로 형상한 「열리는 문 닫히는 문」은 국가 형성의 근본 조건인 인구가 급격히 소멸됨으로써 국가 소멸의 위기에 처한 대한민국의 실상을 전하고 있는 것이다.

3

개성을 죽이고 보다 드높은 보편적 가치를 위해 굴복하고 희생해야 하는 시인의 시 쓰기는 고독한 작업이다. 고독한 시의 길에서 위로가 되는 것은 시가 오는 기척의 순간이다. 경계를 허물고 흘러들어오는 기척은 복잡한 삶 속에서 머뭇대는 사이에 시인을 스쳐 지나가 버리는 수가 많다. 시의 기척을 느낀다고 해서 바로 시를 쓸 수 있는 것도 아니다. 쓴다 해도 실패할 때가 많다. 시의 기척에 힘입어 막상 시를 쓰려고 하면 써지기를 거역하는,

막강한 유속流速의 흐름이 작용한다. 그 강렬한 유속의 역행을 막아내고 써 내야 하는 것이 시인의 업무이다.

> 외발로 서 있는 왜가리 달빛을 펴고 있네
> 목발 사내는 만져지지 않는 다리를 긁고 있네
>
> 나란하다는 건
> 반쪽이 된다는 것
> 뒤따르는 기울기까지 품어야 한다는 것
>
> 파도가 계절을 삼키던 날
> 바쁠 것 없는 봄을 거느리며
> 뒤따르는 기척을 놓쳤던 것
> 외마디 말보다 반쪽을 앞질렀던 것
> ―「달빛 아래」 전반부

　김정애 시인은 기척에 민감하다. 자연과 사물, 혹은 인간과 현실의 기척을 감지하고 간파해 내는 일은 시를 쓰고자 하는 사람에게는 필요 불가결한 감각이다. 「달빛 아래」에서 시인은 '외발로 서 있는 왜가리'와 외다리의 '목발 사내'를 병치, 결속하며 시상을 풀어 간다. 신체의 균형이 무너진 외발의 목발 사내는 환지통이라도 앓는지 '만져지지 않는 다리를 긁고' 있다. 왜가리의 외발 서기는 자연스러운 일인데, 그 불편해 보이는 기색은 인간의 감정 몫이다. 나란하다는 것, 반쪽이 반쪽을 채워 나란히 균형을 맞춘다는 것은 불균형의 기울기까지를 품어 안는 일이다.

우리는 삶의 현실에서 '외마디 말보다 반쪽을 앞질러' '뒤따르는 기척을' 놓치고 불균형의 불화로 빠져들 때가 많다. 우울한 달빛 아래 외발의 목발 사내는 흔들림 없는 기척, '그녀를 데려간 봄'을 맞이하고 있다. 기울기 없이 나란함으로 다시 살아 내는 일은 '기울기를 기울기로 채우고' 서로 반쪽이 반쪽이 되어 온전한 균형을 이루는 양보의 미덕일 터이다.

> 매화가 놀러 오겠다고
> 며칠 쉬었다 가도 되겠느냐고
> 시린 발목을 내밀고 나를 흔들었어요
> 함께 흔들려도 되겠느냐고
> 열린 틈으로 입김 한 줌 불어넣었어요
> 나비처럼 불어넣었어요
> ―「함께 흔들렸을 뿐」제1연

앞에서도 본 바 있듯, 김정애 시인의 피동적 문장은

표면적으로는 주체가 아닌 대상을 전경화前景化하여 강조하고, 상황을 완곡하게 드러내는 구실을 한다. 능동적 인식에서 수동으로 변환된 이 작품을 통해 독자가 받아들이게 되는 것은 봄의 기척이다. 시인은 봄의 기척을 문장의 방법적 기척을 통해 존재의 현상을 감각적으로 형상해 보여준다. 매화는 의인화되어 친근한 맥락을 형성하며 화자와의 내밀성을 강화한다. 발목 시린 한기寒氣의 계절에 매화는 맨 먼저 꽃봉오리를 부풀리며 피어난다.

설중 한기의 매화는 죽은 것 같았던 가지에서 고결한 꽃을 틔우고, 시린 대지를 흔들어 깨워 봄이 오고 있음을 알리는 기척의 전령이다. 화자는 매화의 이른 봄기운에 기지개를 켜며 함께 동참하려 보이지 않는 틈으로 입김을 한 줌 불어넣고, 곧 나비가 불러 올 따사로운 봄날을 예감한다. 매화 꽃잎 진 자리에 민들레가 꽃을 피우고, 지난해의 '마른 낙엽 헤치고 애벌레가/ 와글와글'거린다. 품을 수도 안을 수도 없는 애벌레처럼 파고드는 봄의 기척에 화자는 '꿈틀대는 인생의 어깃장 꺼내지' 못한다고 말한다. 봄기운에, 봄의 기척처럼 꿈틀대며 기어 나오려는 마음속의 어깃장을 차마 꺼내지 못하는 것이다. 인생의 고뇌, 근심, 짜증스러움 같은 것은 덮어 두고, 일찍 찾아온 봄의 시린 발목에 '헐렁한' 눈길 올려놓고 '하늘의 이야기를' 침 튀기며 쏟아 내었다는 것. 생동감 넘치는 봄기운에 흔들리고 온 세상과 더불어 흔들리어 그냥 그대로 봄[꽃]이 된 것이다. 수동적 문장과, 피동적 대상들의 능동적 행위, 이를테면 '민들레가 찾아왔어요'. '애벌레가/ 와글와글 찾아왔어요' 같은 표현논리는 시를 한층 생동적이고 감각적인 것으로 만든다.

4

여수의 시인 김정애 씨는 여수 앞바다의 섬들을 호명하여 시로 빚어낸다. 미항 도시 여수의 많은 섬들 중에서 이번에 특히 주목하여 시로 쓴 섬은 장도(長島/진섬), 낭도狼島, 개도蓋島 등이다. 시인은 섬을 노래하되 섬들의 풍경을 재현하지 않는다. 섬을 제재로 하여 시를 쓸 때 그 섬의 외적 풍경이나 그 환경에서 살아가는 사람들의 애환을 언어로 재현하는 게 일반적 경향이다. 그러나 김정애 시의 섬들은 외경外景이나 주민들의 구체적 삶의 풍경을 드러내지 않는다.

저음에서 고음으로 점점 여리게 점점 여리게
어둠이 몰려오면 어둠이 되고

비 내리면 빗방울에 젖어서
눈 감은 채
그대를 그려내는 멜로디
―「장도, 하프나무」 부분

여수 웅천동 근거리에 있는 장도는 '진섬(긴섬)'이라고 불린다. 장도에는 노거수 팽나무 아래 깊은 우물이 있다. 1900년 초에 개발된 것으로 알려진 이 우물은 마르는 법이 없이 지금껏 그 자리를 지키고 있는데, 시인의 '팽 토라졌던 시간이 열리고/ 고목 관절에 물길이 열려요'(「우물과 팽나무」)라는 재치 있는 대목이 그 신성한 분위기를 인상 깊게 그려 준다.

장도의 하프나무는 예술섬 입구에서 전시장으로 통하는 산책로 변에 비스듬히 자란 삼나무가 마치 현악기 하프 모양을 한 가지들로 조성되어 있다 해서 붙여진 이름이다. '현을 튕기던 물결은 어디 갔나'로 시작되는 「하프나무」는 마치 한 편의 하프곡을 연주하듯이 서정적 음률의 물결로 환원시켜 놓은 작품이다. 시인은 시의 공간을 꽉 채우기보다는 행간의 울림과 여백을 남겨 둠으로써 '손가락에 올라앉은 섬'을 경험하게 한다. '단조 같은 하루에 장조를 입히는' 장도의 하프나무는 울타리를 허무는 멜로디의 틈새로 분주한 일상의 숨구멍 구실을 한다.

하프나무를 현악기로 삼아 시인이 상상해 내어 펼치는 율조는 기억의 조각들을 모아 경쾌하고 아름다운 화음의 세계를 전한다.

웅천에서 장도를 잇는 진섬다리는 보행교로 물때에 따라 하루에 두 번 바다에 잠긴다. 일종의 잠수교 같은 형태의 다리다. 시인이 시 「진섬을 펼치다」, 「선소다리」를 통해 진섬다리와 선소대교를 연계하여 장도의 예술 무대 및 꽃과 나무를 노래하고, '한 발자국 건너가다 흘러가는 물결 위에 세상을 옮기는'(「선소다리」) 다리의 중첩적 이미지와 은유적 긴장을 조성한다.

여우를 닮았대서 낭도狼島라 이름 붙여진 낭도는 낭도 전통의 막걸리에 흥이 돋아 잇몸 드러나게 웃는 일 많은 섬임을 그려 주고(「낭도 웃음」), 수백 년 전통의 막걸리 향기에 취해 몽돌 색깔이 푸른빛이라는 청석포와, 길흉을 점쳤다는 시절 바위가 연정을 불러일으키는 개도蓋島에서 첫사랑 만나 원앙처럼 살고 싶다는(「개도, 시절 바위」/「월항리 사랑」) 등의 섬 노래는 여수 인근 섬들의 문화와 역사, 축적된 시간과 기억이 시인의 감성적 언어로 재구성된 특성을 보여준다.

여수의 섬과 바다, 그 물결의 파고波高 속에서 시인은 잠시 정치적 국면에 대한 결기를 완곡하게 드러낸다.

> 파도는 무엇이든 뒤집는 성질이 있네
> 뒤집힌 세상을 반듯하게 펴는 고집도 있네
> 어제를 뒤집어 내일을 만들고
> 내일을 펴서 무엇을 만드네
> ―「파도를 위한 변명」 제1연

인용 부분은 작품의 첫머리에 해당되지만, 시인의 의도와 시적 담론의 논리를 적잖이 함축하고 있다. 1년 전 12월 3일, 전직 대통령의 느닷없는 한밤중 비상계엄령 선포를 주제로 쓴 이 작품은 김정애 시인 특유의 구사력을 확인시켜 준다. 자칫 직설적 화법으로 기울기 쉬운 주제를 여수바다 파도의 기척에서 체득한 음률로 써낸 듯 유연하다. 그 우회적 표현의 방법이 오히려 공감과 감동을 불러일으킨다.

김정애 시인은 우리 현대사의 한 단면을 소환하여 예닐곱 편의 시로 형상해 놓았다. 1948년 여순사건의 참상을 진지하고 치열하게 토로한 것이다. 이념적 분열과 갈등은 여수 지역의 비극적 사건으로만 이해되는 것이 아니라, 당시 나라 전체의 지역마다 발생했던 아픈 역사적 사건들이다.

삭을 대로 삭은 눈물이 탁탁 걸린다는 동백
　　밥상에서 고추장을 치운다고 빨갱이가 지워질까
　　마당가에 동백꽃을 밟아 뭉갠다고 낙인이 뭉개질까
　　밥풀 하나 남김없이 침몰선이 되어버린 사람
　　삭힌 밥알이 탱글탱글 살아나면
　　놋대접 풍으로 훌훌 마셔 봐
　　세월이 풀리고 한이 풀려, 한이 풀려
　　—「단밥 한 그릇」 부분

「단밥 한 그릇」을 비롯한 「암매장 소달구지」「물속의 하얀 집, 애기섬」「탈춤의 젖」「만성리 굴」「동박새 넋이 되어」 등의 작품들 모두 이념적 분열과 비극적 참상을 소환한 작품들이다. 시인은 여수라는 지역에서 발생한 사건의 장소성을 분명히 하고 있지만, 국토 전체, 민족 전체에 불어닥친 참담한 역사이기도 하였다.

「단밥 한 그릇」의 말미에서 시인은 '지프차로 끌려가면서 마지막으로 넘겼다는 단밥(식혜)/ 아버지가 먹었던 밥, 내가 먹어야 할/ 삶이라는 둥근 밥'이라고 하며 비극사에 대한 자신의 의지를 단호한 어조로 표명한다. 「암매장 달구지」는 여순사건 당시 부역 혐의자의 일부를 암매장한 사건과 호명동 암매장지, 그리고 1998년에야 유해 발굴 작업이 이루어진 사실史實을 처연하게 표현한 작품이다. '왼쪽도 오른쪽도 우리 동포인 것을 우리 형제인 것을'(「물속의 하얀 집, 애기섬」) 이념의 분열과 갈등의 혼돈 속에서는 결코 안아 들이지 못했다. 시인은 참혹한 민족 비극의 역사를 오늘에 소환하여 결기 있는 시작품들로 형상함으로써 파당과 분열의 역사를 되풀이하지 않기를 염원하고 있는 것이다.

5

2013년 '무등일보' 신춘문예 시 당선으로 등단하고, 두 권의 시집 『꽃을 번역하는 저녁』, 『그 섬에 든 순간 너도 나도 꽃이었지』를 출간한 김정애 시인은 단단한 시력詩歷을 기록해 왔다. 이번 시집에서 환유적 상상력과 다층적 의미구조의 변주로 결백한 언어의 집을 지은 눈부신 작업은 시의 존재성을 새롭게 환기해 준 성찰의 결정結晶이라고 할 것이다. 환유와 수동적 문장의 창窓으로 내다본 그는 자연과 인간의 기척을 시의 기척으로 번역하는 작업에 몰두해 온 셈이다. 그것은 동시에 여수의 바다가 품어 키운 시인이 사연 많은 여수 바다의 음률을 들으며 꽃잎이 밀어 올리는 세상의 기척을 예민하게 감지한 결과의 산물이라고 할 수 있다.

절제된 문장과 심층적 사유의 결속이 빚어낸 시 문법의 한 폭발을 「손으로 발로 듣는」에서 본다. 오는 봄의 기척을 온 몸, 온 정신, 온 감각(오감)으로 감지하고 환희의 축제에 몸 섞는 시의 아포리즘, 「손으로 발로 듣는」을 인용하며, 글을 맺는다.

    슬슬
판을 키워야겠다
손으로 듣는 연습을 해야겠다
매화가 들려주는 향기 만나러 가는 오후
산수유가 질러대는 아우성 달래줘야겠네
한나절 귀퉁이를 내줘야겠네
어쩌끄나
슬슬 판이 커지겠는데
저기 저 몰려오는 새의 귀청
바다의 울렁임
두 귀에 넘쳐나는 사태를
온몸으로 터져 나오는 환희를
손으로 발로 듣는 연습을 해야겠네
몸으로 듣고 보는 연습을 해야겠네
아니
누가 나에게 귀를 좀 빌려다오
아니 아니
손으로 발로 보고 들을 수 있는 천수관음을 알려다오
장구벌레 장구 치는 소리는 어느 짬에 즐겨보나
강물이 슬슬 몸을 여는 봄인데

165
현대시학 시인선

손으로 듣는 바다의 기척

초판 1쇄 발행	2025년 12월 10일
지은이	김정애
발행인	전기화
책임편집	이주희
발행처	현대시학사
등록일	1969년 1월 21일
등록번호	종로 라 00079호
주소	서울시 서대문구 충정로 11길 26 현대빌딩 101호
전화	02.701.2341
블로그	http://blog.naver.com/webzinhdsh
이메일	hdsh69@daum.net
배포처	(주)명문사 02.319.8663
ISBN	979-11-93615-44-7 03810

○ 책값은 뒤표지에 있습니다.
○ 이 책의 판권은 지은이와 현대시학사에 있습니다.
　이 책 내용의 전부 또는 일부를 재사용하려면 반드시 양측의 서면 동의를 받아야 합니다.
○ 잘못 만들어진 책은 구입하신 서점에서 교환해 드립니다.

○ 이 책은 전라남도, (재)전라남도문화재단의 후원을 받아 발간되었습니다.